AF360037

AMOURS SECRÈTES

DE

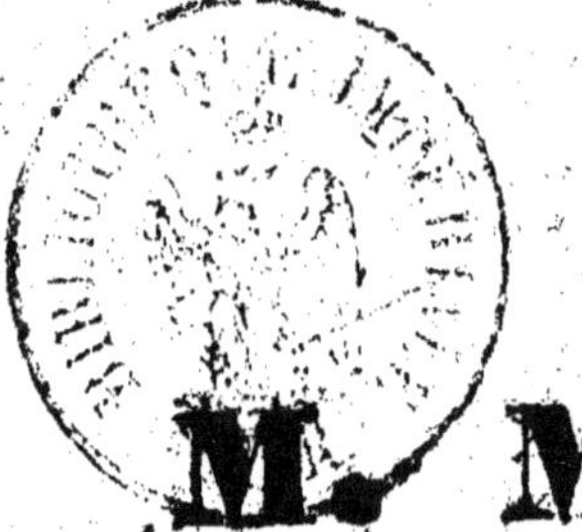

M. MAYEUX.

LES
AMOURS SECRÈTES
DE
M. MAYEUX,

ÉCRITES PAR LUI-MÊME.

ORNÉES DE DOUZE JOLIES GRAVURES.

BRUXELLES,

CHEZ LES MARCHANDS DE NOUVEAUTÉS.

—

1832.

AMOURS SECRÈTES

DE

M. MAYEUX.

Il est des hommes que le plus petit événement met en lumière : certes, je ne suis pas de ce nombre, et sans la grande semaine, sans les trois glorieuses journées de juillet 1830, je serais encore inconnu, non seulement à l'Europe, mais même à mon pays. Mais, puisque pour avoir montré dans ces journées que c'est du sang français qui coule dans mes veines, il a plu à messieurs les artistes de faire de moi un personnage, comme si un bossu courageux était chose surnaturelle ; puisque par suite et en désespoir de pouvoir fournir à l'avidité du public de nouvelles charges sur mon compte, on en est venu à attaquer ma vie privée, qui devait être murée aussi bien que celle de tel ou tel député, pair de France, ministre, etc., etc., je prends le parti de livrer moi-même à mes concitoyens l'histoire des trente-cinq premières années de ma vie, les priant de n'ajouter foi qu'à cet ouvrage, puis-

1*

qu'il est le seul que j'avoue. Je m'y montrerai à nu et on jugera.

Je naquis en 1795, dans un petit village de Bourgogne appelé Savigny. Ma mère, assez gentille, était cuisinière et mon père, brave homme s'il en fut, était couvreur, et par conséquent couvrait assez souvent ma mère qui bientôt me donna un frère. L'ouvrage manqua, la disette arriva, et mes parens crurent qu'à Paris ils feraient mieux leurs affaires. Les voilà donc en route, sans ressource que la charité publique, qui nourrit assez mal ses pensionnaires. Ils arrivent à Paris, mais exténués de fatigue et manquant de pain. Ils tombent malade et nous voilà tous quatre à l'Hôtel-Dieu.

Une dame sans enfans vient visiter l'hospice, je lui plais malgré ma bosse ou peut-être par rapport à ma bosse ; elle me demande à ma mère qui, par amour pour moi ou pour toute autre cause, me donne à l'instant ; et une heure après me voilà installé dans le café de l'hôtel d'Yorck, joli bordel que tenait cette dame rue des Colonnes, n° 5.

Je n'avais que quatre ans et je couchais avec elle : elle était belle alors, et je voyais à mon aise ses beaux tétons, son beau cul, son beau con. Je ne sais si malgré son état ce dernier la démangeait souvent, mais je crus m'apercevoir qu'elle se le grattait chaque matin en y mettant son doigt, comme nous pourrions faire à notre oreille. Cela me donna l'habitude de me branler et je la conserve encore. Je passe mille espiégleries d'enfance pour arriver à douze ans : mes parens m'ayant repris avec eux, me mirent apprenti chez un imprimeur en taille douce.

Seize ans vinrent, et mon apprentissage fini, je me trouvai libre. Je gagnais quelque argent, j'eus bientôt une maîtresse ; mais elle était sage ce qui me faisait enrager, car je n'étais pas encore ce profond scélérat que je suis devenu depuis. Mais une de ses camarades prit pitié de moi, et un dimanche, comme nous revenions de la barrière du Maine, elle me dit qu'elle avait à me parler en secret et que je me trouve le lundi à cinq heures du matin à St.-Sulpice. Tonnerre de Dieu ! je me serais bien gardé d'y manquer, un pressentiment me disait que je devais ce jour-là perdre mon pucelage par-devant.

Je fus exact, elle aussi ; nous traversâmes le Luxembourg et nous nous dirigeâmes du côté de la barrière de la Santé ; nous n'en manquions pas ni l'un ni l'autre. Ce qu'elle avait à me dire, c'était du mal de ma maîtresse ; je m'y attendais, mais j'attendais autre chose aussi. Nous nous assîmes sur le bord de la fosse aux Lions, et là je commençai à lui faire des caresses qu'elle reçut avec plaisir ; enhardi, je relevai ses jupes jusqu'aux genoux et glissai ma main le long de ses cuisses, qu'elle serra cependant à l'aspect d'un faucheur d'herbes qui parut tout à coup au fond de la fosse. Il n'y avait plus rien à faire là, aussi décampâmes-nous ; arrivés derrière Bicêtre, malgré quelques difficultés, elle consentit à s'asseoir de nouveau, je parvins cette fois à lui prendre le con. Figurez-vous ma joie, depuis neuf ans je n'en avais pas vu et encore moins touché ; aussi je jouissais en la branlant et je n'étais pas pressé d'arriver à autre chose, ce qui pourtant serait venu sans l'arrivée d'une paysanne qui vint se poser assez près de nous, et qui, se doutant de nos intentions, resta je crois là pour nous faire endéver et en même temps nous imiter, car je la vis fourrer sa main dans les fentes des poches de son jupon et s'agita assez fort pour me faire penser qu'elle se chauffait un doigt, moins indiscret qu'elle. Nous la laissâmes s'amuser et nous allâmes plus loin dans la plaine d'Ivry. Ce fut là, dans un champ de luzerne, que votre serviteur Mayeux enfonça son dard la première fois dans le corps d'une femme. Nom de dieu ! quel plaisir ! il surpassa toute l'illusion que je m'en étais faite ; c'était des transports, des convulsions, surtout quand je voyais la dame se pâmer et s'agiter encore, et que je me sentais noyé dans l'eau brûlante qu'elle déchargeait sur mon vit, ah ! cette journée fut sans contredit une des plus belles et des plus heureuses de ma vie.

Nous continuâmes ainsi tous les lundis pendant six semaines que durèrent nos amours. Un jour, au bois de Boulogne, comme j'étais sur elle, elle m'arrêta pour me faire voir un prêtre qui n'était séparé de nous que par quelques broussailles ; je fus d'abord intimidé, mais voyant sa culotte ouverte et son membre dehors, je remis le mien dedans, et moi avec Alexandrine et lui avec sa main, nous finîmes en même temps. Un autre jour nous étions à mi-côte du chemin des Moulineaux, près Meudon. Elle entend du monde, et me donnant un coup de poing dans la poitrine elle se dégage de dessous moi, et en un clin d'œil elle est en bas de la butte très-rapide, où je la rejoins en roulant tantôt sur ma bosse et tantôt sur mon ventre. Cette chute me dégoûta d'elle et je la quittai.

Malgré ce qu'elle m'avait dit de ma première maîtresse, je l'avais toujours conservée : elle était demoiselle de magasin chez un marchand de nouveautés du Palais-Royal. Cet homme passait pour un chaud, et comme c'est d'usage, Annette, celle que j'aimais, lui était donnée par les mauvaises langues pour concubine (j'enploie ce mot de préférence parce qu'en mettant le b sens dessus-dessous, il rassemble à lui seul les trois objets qui donnent le plus de jouissance, con, cu, pine). Quoiqu'il en soit, je redoublai de soins pour elle, et un jour de l'an, c'était celui de 1813, ses maîtres étant sortis, elle resta seule de toute la maison ; j'arrivai, elle me reçut avec joie, car elle s'ennuyait, je lui tins les propos les plus tendres et je fis si bien que déjà sa gorge était haletante et découverte, sa che-mise relevée et ma main à l'ouvrage. Je la ren-versai au pied de son lit et je vis sa motte d'un beau noir et le corail qui laissait par son ouver-ture le chemin libre à mes désirs ; j'allais les satisfaire, mais un torrent de larmes et ses prières qu'elle appuyait de baisers, me firent trop d'effet, je lâchai prise.

On me donnera le nom qu'on voudra, mais je soutiens qu'il fallait être un héros, ou pour aller plus avant, ou pour faire comme moi.

Mais d'ailleurs soyez tranquille, le diable ne perdit pas ses droits. Le mardi gras suivant elle vint chez mes parens, apportant un chapeau que sa maîtresse l'avait chargé de prendre en route, chez une dame à qui elle l'avait prêté. Nous allâmes tous ensemble à la barrière, et quand vinrent huit heures du soir, il fallut qu'elle s'en allât, je la reconduisis. Mes parens qui voulaient rester, me donnèrent la clef, afin qu'elle pût reprendre son chapeau. Arrivés à notre porte, elle ne voulait pas monter, mais je lui dis qu'étant très-maladroit j'abîmerais sans doute quelque chose au chapeau : elle parut me croire et monta. Une fois chez nous, je fermai la porte avec soin et je la fis entrer dans le cabinet où nous couchions moi et mon frère. Enhardi par le vin que j'avais bu, je bravai cette fois ses prières et ses larmes, je bravai bien plus, je bravai les anglais qui étaient débarqués, et je fus vainqueur. Mais je ne pus reconnaître parmi tant de sang s'il s'en mêlait quelque goutte de virginal. Eh bien, je n'avais gagné qu'une amie, car pour l'amante il n'y en avait pas en elle, chaque fois que je la baisais elle faisait mille grimaces qui me désolaient ; dans le temps des cerises elle en mangeait pendant que je limais, et s'amusait à jeter les noyaux en l'air. Je dus chercher une autre maîtresse, mais comme elle devint enceinte je la gardai par humanité et curiosité pour voir si elle ferait un bossu.

Il m'arriva environ dans ce temps-là une scène à laquelle j'étais loin de m'attendre. Un jour de désœuvrement, j'allai pour rendre une visite à la dame de maison qui m'avait élevé, elle était sortie, je restai pour l'attendre dans le salon où ses demoiselle étaient réunies au nombre de huit. Elles venaient de déjeûner, non pas avec du café, mais avec des huîtres, du jambon , du vin blanc , beaucoup de vin blanc et de l'eau-de-vie , indispensable complément de tous leurs repas. En me voyant entrer , un déluge de quolibets , d'épigrammes me furent adressés ; je n'étais pas bien disposé , et pour me venger je leur dis qu'elles imitaient le renard de La Fontaine , que j'étais trop verd pour elles et qu'aucune fille publique ne pourrait se flatter que Mayeux l'eût foutue. A ces mots, et comme par enchantement , elle se levèrent toutes , se mirent à ôter leurs chemises et autres vêtemens, et voilà mes huit gaillardes absolument semblables à Éve , avant que son con trop agrandi par le vit du père Adam , ne lui eût fait une loi de le couvrir de feuilles. Elles se concertent une minute , deux s'emparent de la porte et me déclarent qu'elles renoncent à leurs droits, mais que je ne sortirai qu'après avoir passé sur le corps des six autres. J'étais pris , il fallut me résigner , et je le fis volontiers , car la plupart étaient encore jolies , et d'ailleurs j'avais obtenu par forme de capitulation , que pourvu que je déchargeasse six fois , elle se prêteraient à tout ce qui pourrait m'y aider. Je pris la plus jolie , et une minute après , le foutre qui l'inondait témoignait du plaisir que j'avais eu. La seconde me prêta ses tétons assez volumineux , je les contins avec mes mains , et j'introduisis mon vit dans l'entre deux où je le serrais à volonté , et

qui bientôt écuma en l'honneur de Vénus. Je remarquai ensuite une brune extrêmement grasse, qui avait des bras très-gros, et beaucoup de poils sous l'aisselle, je résolus de m'en servir, je la fis asseoir, et me mis à l'ouvrage. On ne peut pas se figurer la jouissance que cela me procura ; ce poil qui me chatouillait, ce bras si rond, si moelleux, cette aisselle chaude et humide de la sueur qui s'y fait ordinairement, surtout chez les femmes grasses, tout contribuait à me faire illusion, et je ne tardai pas à fournir ma carrière ; mais je n'étais encore qu'à la moitié de mes travaux : je demandai une bouteille de vin et quelque chose à manger, on m'apporta un excellent bouillon auquel je mêlai la moitié de mon vin, et l'ayant bu je me sentis en état de finir mon entreprise forcée.

Pour la quatrième, je pris la plus mignonne et l'ayant enfilée, je restai debout en lui tenant le cul avec mes mains. J'étais bien aise de prouver à ces péronnelles que mes jambes, quoique un peu torses, étaient aussi solides que mon vit. Je me hâtai pourtant, impatient que j'étais de savoir comment je finirais. Je voulus me servir de la bouche de la cinquième, elle fit des façons pour s'y soumettre ; mais ses camarades qui ne l'aimaient pas trop, parce qu'elle était fière, lui dirent qu'elle ne devait pas faire manquer l'amusement des autres par son bégueulisme, elle s'y résolut donc, après m'avoir préalablement lavé avec du vinaigre et de l'eau de Cologne, et à condition que je me retirerais à temps. Je la fis mettre à genoux sur un oreiller, ce qui fit qu'elle se trouva juste à la hauteur de mon vit, je fis approcher derrière elle une autre de celles que j'avais déjà repassées et à laquelle je maniais les tétons, les fesses, etc. Mais cette double jouissance faillit me devenir fatale, car je m'oubliai et je laissai partir l'huile de Vénus dans sa bouche, aussitôt qu'elle le sentit elle me mordit avec rage et me fit éprouver une douleur horrible. Je l'aurais volontiers assommée, si nous eussions été seuls, mais je fus contenu par la présence des autres, qui sans aucun doute s'y seraient opposées ; j'aurais pleuré tant je souffrais, et pourtant elle ne me firent pas grâce de la dernière, qui était en même temps la plus laide, seulement je pris un moment de repos pour laisser la douleur se calmer : comme je leur demandais ce que je pourrais mettre sur la morsure, celle qui en était l'auteur me répondit, de la merde. Tonnerre de dieu ! lui dis-je, tu n'en auras pas le démenti, et de suite saisissant mon laidron, je la fis se courber et mettre les mains sur le canapé, et je l'enculai. Je ne sais si c'était la première fois que cela lui arrivait, mais je sais qu'elle poussa des cris aigus, qui me firent

qu'elle était vierge ; moi-même , je criais aussi du mal que j'endurais , ce qui faisait une charmante harmonie. Enfin le foutre coula , c'était le signal de ma délivrance , et je me retirai de ce cul si blanc et si gras , avec deux fois plus d'orgueil que le dernier des Horaces ne rentra dans Rome ; et j'avais raison , puisque j'avais eu le double d'ennemis à vaincre. Mais comme le sien , mon triomphe fut troublé. Car mon vit en se retirant laissa passage à une déjection venteuse du remède qui m'avait été indiqué pour ma blessure , et j'en fus tout couvert. Il fallut encore me laver , après quoi nous fîmes tous ensemble la paix et un bon repas , dont j'avais besoin , et qui fut égayé par les bons mots de ces dames et par les miens ; au dessert je fus couronné de myrthe et de lauriers et après avoir été embrassé par toutes ces dames, il me fut permis de me retirer. On peut croire que j'en avais besoin. J'allai me coucher et je m'endormis en pensant au plaisir que je venais d'avoir. J'avais , pour ainsi dire , épuisé en quelques heures tous les genres de jouissance , aussi ne désirais-je point voir se renouveler cette espèce d'orgie. Je n'ai jamais été crapuleux dans mes amusemens , et si dans cette circonstance j'ai satisfait des désirs déréglés , c'est qu'il le fallait pour venir à bout de la tâche qui m'était imposée ; c'est que je le pouvais avec ces femmes-là, et enfin c'était, pour l'ayant fait, ne pas être tenté de le proposer à des femmes plus honnêtes ; au résumé je ne fus pas fâché de l'aventure, car il m'en resta le souvenir sans aucuns regrets, puisque ma santé, que je n'avais risqué que deux fois sur les six, ne fut pas du tout altérée. Excepté cette journée, où d'abord je fus presque violé, je ne fis aucune infidélité à ma maîtresse, avec laquelle je vivais, qui m'avait fait un garçon et qui continuait très-exactement à me donner un enfant tous les ans, mais dont la mort me débarrassait aussi très-assidument. J'arrivai ainsi à l'âge de vingt-cinq ans, époque à laquelle je fis connaissance de la femme d'un postillon, qui demeurait dans une maison garnie, aux Pagevins, vis-à-vis l'endroit où je travaillais. Ce fut par la fenêtre d'un côté à l'autre de la rue que nous commençâmes à nous faire des signes, ensuite nous échangeâmes quelques mots, mais nous étions gênés ; moi par la crainte de mon bourgeois, elle par celle des voisines. Cela dura à peu près huit jours et je remarquai que lorsqu'elle s'habillait elle ne fermait jamais sa croisée, ce qui faisait qu'en mettant son corset elle me laissait voir ses tétons, qui bien qu'elle eût trente-trois ans étaient encore très-bien, ses bras aussi étaient beaux, son corps était bien pris dans sa taille, ses cheveux d'un noir d'ébène, doux et fin comme de la soie, son teint seulement était altéré et jaune, ce qui avec le rouge qu'elle avait la faiblesse de mettre, la faisait paraître plus âgée qu'elle n'était. Un jour, lassée apparemment de ne pouvoir parler librement, elle me fit signe de descendre dans la rue où elle me jeta un billet conçu en ces termes : J'ai besoin d'aimer, vous me paraissez aimable, trouvez-vous ce soir à huit heures à la place des Victoires. Je remontai et la remerciai par des gestes expressifs. Je ne me fis pas attendre et je n'attendis pas long-temps : nous fîmes un tour de boulevard, elle me donna connaissance de sa situation, et au bout d'une heure nous étions déjà comme de vieilles connaissances. Je la menai chez un marchand de vin, qui a pour enseigne trois lurons, et dont le commerce est alimenté par une grande salle, si bien coupée avec des cloisons de planches, qu'elle forme six cabinets particuliers, si bien séparés, qu'étant dans l'un on peut fort aisément entendre ce qui se dit ou se fait dans les cinq autres ; cependant cet endroit doit m'être cher, car, ainsi qu'on le verra dans la suite, je m'y suis marié quatre fois, et d'abord je m'y mariai ce jour là avec Joséphine Montée, la femme du postillon, qui sans doute montait sa jument tandis que le fortuné Mayeux montait sa femme. Comme il n'y avait dans le cabinet ou nous étions que des tabourets et une table, je la priai de s'asseoir sur le bout de la table, je lui fis écarter les cuisses et je mis sous ses pieds deux tabourets, m'étant fourré au beau milieu, j'enfonçai mon dard tout à mon aise et j'eus un plaisir inexprimable (c'était la première fois que je faisais un cocu); elle me seconda bien, et nous recommençâmes de suite. Elle avait de gentilles manières et une propreté excessive; je crois que je l'aurais bien aimée sans son opinion bonapartiste exagérée, opinion qu'elle faisait éclater en toute occasion et qui m'était insupportable; d'ailleurs elle ne me donna pas le temps de m'attacher à elle, l'état de gêne où son mari la laissait continuellement l'ayant forcée à se mettre au service, elle entra en qualité de femme de chambre à celui d'une actrice du grand opéra. Un jour que sa maîtresse, exempte de service, était allée à la campagne, et l'avait laissée à la maison, elle m'y fit venir, et après les préliminaires d'usage, je la baisai sur le canapé. Un instant après il lui prit fantaisie de nous mettre dans le lit de sa maîtresse, ce que je fis, en remarquant que les draps n'avaient pas été changés ce jour-là. Nous fîmes mille bêtises qui aboutirent à foutre encore deux fois, nous nous levâmes à la brune pour aller danser à Montmartre, mais y étant arrivés, il fallut aller visiter un petit bois, où elle me dit qu'on serait très-bien pour voir la feuille à l'envers : je ne me fis pas prier pour

lui procurer ce spectacle gratis , et je crois que quoiqu'il fut presque nuit , elle s'amusa à les compter , car ses mains qu'elle appuyait fortement sur ma bosse , ses jambes dont elle avait entortillé les miennes me tinrent au moins une demi-heure dans la même position , et à chaque feuille c'était un mouvement de cul très-prononcé , qni ne laissait pas que d'être agréable. Nous nous mettons pourtant en route pour la danse ; mais en passant dans le chemin du théâtre Seveste , un fossé dont l'herbe était très-belle l'invita à s'asseoir pour s'y reposer. Je savais ce que cela voulait dire ; ces repos si fréquens devenaient un travail pour moi, je me mis de plus belle à l'ouvrage, mais cette foi- c'est moi qui me fis attendre, ne pouvant venir à bout de lâcher le robinet à eau chaude. Comme j'y tâchais, un homme passe à côté de nous, et nous demande si nous sommes morts. Non , répond Joséphine , il n'y en a qu'un. Cela me vexa , et pour me venger je me levai et je dis à cet homme que Jésus-Christ n'était ressuscité qu'une fois au bout de trois jours , et que moi j'étais ressuscité pour madame quatre fois en trois heures : alors il lui dit qu'elle n'avait pas se plaindre , et qu'à moins d'avoir ma bosse pleine du liquide qu'elle aimait tant , je ne pouvais pas décemment être accusé d'indifférence. Elle parut se rendre à ces raisons et nous arrivâmes enfin à la danse, où je rencontrai un de mes camarades que j'invitai à se mettre avec nous ; il s'y mit bien, car le soir ce fut lui qui alla coucher avec la dame, qui toute la soirée l'avait comblé de prévenance et de gentillesse, ce dont je lui fis reproche ; mais elle me dit que comme elle ne comptait pas avec lui elle espérait bien qu'il ne compterait pas avec elle. En effet, je le revis le lendemain, pâle et défait comme un joueur qui a perdu son dernier sou ; il avait lui perdu sa dernière goutte et jurait de ne plus retourner se faire pressurer par elle ; ainsi elle n'aura gagné qu'une nuit au changement. De mon côté je n'y perdis pas, une autre Annette que celle qu'on me connaît déjà, remplaça la coureuse ou la femme du courrier. Celle-ci, après bien des pauses au bas de son escalier, voulut un jour me favoriser d'une nuit, elle était jeune et demeurait chez ses parens qui me connaissaient ; ils habitaient deux chambres au quatrième de la rue St.-Jean-de-Beauvais ; leur fille couchait dans la première. En entrant avec elle j'allai de suite me cacher derrière son lit, tandis qu'elle passa dans la chambre de ses parens pour y souper. Je n'étais pas trop rassuré et je m'ennuyais de de la longueur du repas, que de son côté elle aurait voulu abréger, mais comme son père aimait à jaser un peu après la journée, le repas

durait souvent une heure entière. Je commençais à prendre du tabac, j'en pris un peu pour
me distraire. A ce moment ils manquèrent
d'eau et la mère vint en chercher à la fontaine
qui se trouvait dans la chambre où j'étais, elle
avait heureusement fermé la porte de communication, car je ne pus retenir une envie d'éternuer que m'avait donnée mon tabac. Jugez quel
fut l'effroi de la vieille ! Je ne perdis pas de temps
je sautai sur la porte, l'ouvris, et me précipitai
dans l'escalier aux cris répétés de au voleur !
au voleur ! de la mère, et poursuivi par le père,
qui ne pouvant me rattraper, pris le parti d'aller jaser de l'aventure chez le marchand de vin.
Je perdis néanmoins ma bonne amie, car les
soupçons tournèrent bientôt sur moi, et bien
qu'on ne m'ait pas reconnu plus que la duchesse de Berry à Marseille, on n'en donna
pas moins une volée à la pauvre Annette en la
menaçant d'un redoublement si jamais on nous
trouvait ensemble.

J'eus toujours une admiration complète pour
le beau talent du poète qui chanta les jardins et
l'imagination. Comme il y a des gens qui ont le
malheur de ne pas le connaître autrement que par
son nom, je vais leur dire, c'est Jacques Delille.
Je rencontrai sa nièce dans le monde et rien que
parce qu'elle s'appelait Eugénie Delille, je résolus de tacher de voir si elle avait autant d'es

prit en foutant que son oncle en écrivant. Au moyen de plusieurs galanteries , je l'eus bientôt amenée au point de pouvoir lui demander ses faveurs ; elle me répondit avec une franchise peu commune chez les femmes , que n'étant pas sûre de sa santé, elle ne voulait pas exposer la mienne, elle me demanda huit jours, il fallut y souscrire , après quoi je fus heureux. Je n'aurais pas parlé de cette bonne fortune , si elle n'avait fini assez drôlement, et je dirai en passant qu'il est à remarquer que la plupart de mes intrigues ont été marquées par des dénouemens assez brusques. Voici celui de celle-ci. Annette , chez qui je couchais , connaissait Eugénie, elle l'avait engagé à venir promener avec nous ; un jour qu'elle y était venue, nous rentrâmes trop tard pour qu'elle put s'en aller chez elle, et il fut convenu qu'elle allait coucher avec nous , comme le lit était grand, on me mit aux pieds entre ces deux dames. Quand je crus Annette endormie, ne pouvant baiser Eugénie, je voulus m'en dédommager en la branlant, elle s'y prêta de bonne grâce ; mais à mesure que la jouissance approchait , ses soupirs devenaient bruyans ; elle alla même jusqu'à se mouvoir comme si j'eusse été sur elle. De mon côté, je me travaillais aussi avec mon autre main , nous allions tous deux décharger , lorsqu'Annette, qui ne dormait pas , sauta je ne sais comment

sur la main qui causait tant de soupirs à Eugénie, la retint si fortement au même endroit, qu'il me fut impossible de retirer mon doigt; il s'en suivit une explication, dont le résultat fut une rupture entre elles; et par suite entre Eugénie et moi, qu'elle accusa de ne pas assez l'avoir défendue contre la colère d'Annette. Je fis ensuite la cour pendant six mois à une nommée Louise Lesueur, qui demeurait chez une vieille dame de ma connaissance. Je n'avançais guère, lorsqu'un dimanche, la vieille étant sortie, je lui demandai si elle n'allait-pas aussi promener, je ne le puis, me répondit-elle, je n'ai pas le sou. Je vous en offre autant, lui dis-je.—Eh bien, qu'allons nous faire?—Jouer.—Et quoi, puisque nous n'avons pas d'argent? — Jouons une façon. Elle accepta. Je ne sais si elle fit exprès de perdre, mais je sais que je ne pouvais qu'y gagner, puisque battu, je devais payer, et que gagnant on devait me laisser faire. Je gagnai donc, mais on ne me paya pas ce jour-là, on attendit la fête de la vieille qui arrivait la même semaine. Je fus lui souhaiter, on m'atarda, et sous prétexte que je pourrais être insulté si je m'en allais, on me fit coucher entre elles deux. Nom de dieu! qu'on juge du supplice d'être auprès d'une jolie femme toute une nuit, et de ne pouvoir faire autre chose que lui magner les fesses, car elle ne voulut jamais se prêter à faire davantage. Je ne fermai pas l'œil de la nuit, mon vit resta pendant six mortelles heures aussi raide qu'un bras de saint ; mais le jour arriva, je fis mine de dormir, la vieille se leva et alla faire ses emplètes du matin, tel que lait, café, braise, etc. Elle n'eût pas fermé la porte que la couverture et la chemise de Louise furent levées. Jamais on ne verra de plus belles, cuisses un plus beau ventre, un plus beau poil, que je n'en vis alors ; qu'on juge de la beauté de son con, quand je dirai qu'il m'inspira de suite le désir de la gamahucher ; j'y descendis, aucune odeur ne s'y faisait, c'était frais comme une rose du Bengale ; mais admirez un peu le caprice humain, j'y allais volontairement et de tout cœur, eh bien, quand je voulus m'en ôter, elle y repoussa ma tête de ses deux mains et la serra tellement avec ses deux cuisses, que j'avais réellement la tête à l'étau : cette action me déplut. Je me dépêchai cependant de la satisfaire, après quoi je me vengeai en lui enfonçant rudement mon vit dans le corps, et en faisant exprès de limer jusqu'à ce que la vieille arrive ; elle me trouva allant plus fort que jamais, et je ne m'arrêtai qu'après avoir lâché le foutre que j'avais amassé toute la nuit. Je déjeûnai, partis, et n'y retournai plus. Six ans après, je la rencontrai à la danse, j'avais une autre bonne amie sous le bras ; elle vint à moi, me souhaita le bonjour, s'informa de mes affaires et pendant ce temps trouva le moyen de me pincer le bras de manière à enlever le morceau : la douleur fut excessive, mais il fallut me contenir pour l'autre qui se serait bien douté de la chose qui lui donnait le droit de se venger ainsi. Une autre Louise la remplaça immédiatement : c'était une cuisinière de la rue du Caire. Chaque fois qu'elle passait devant l'endroit où je travaillais elle me faisait les yeux doux ; je sortis un soir, je la rejoignis, et après plusieurs propos agréables je la fis entrer dans une allée, où je m'assurai par mes mains de son sexe ; une fois sûr que mon vit trouverait chez elle à se loger, je la conduisis aux Trois-Lurons, qui, pour la deuxième fois prêtèrent asile à mes amours : je lui rendis deux fois les honneurs dus à son sexe. Elle s'en alla très-contente de moi, espérant bien me retrouver au besoin ; mais elle comptait sans son hôte : elle eut beau revenir, passer devant moi en me faisant signe de la suivre, je ne sortis plus, et cela parce qu'elle était cuisinière, et que je n'ai jamais aimé ce genre de femme.

Pour passer d'une profession servile à une indépendante, je jetai les yeux sur une modiste du passage ; c'était bien la plus laide guenon qu'on puisse voir, mais elle était ma payse et de plus très-bonne fille. Nous fûmes bientôt d'accord, et pourtant je ne hâtais pas le dénouement, tant j'avais peur de manquer de courage : il arriva pourtant, ce fut dans la plaine des Vertus, l'endroit était bien choisi. Son cul, il faut le dire, était plus beau que sa figure, et me redonna de la vigueur; mais il exhallait une odeur de poisson pourri qui ne me donna pas uue grande idée de sa propreté, et en effet, elle ne l'était guère; je cherchai une occasion de m'en débarrasser, car je n'osais pas la quitter brusquement, elle était si bonne et si peu exigeante. L'occasion se trouva et j'en profitai. Un soir elle vint à ma boutique, m'embrassa, me fit mille agaceries et finit par me dire qu'elle avait bien envie de faire une façon, je lui dis que j'allais fermer la boutique et que nous ferions ça sur le comptoir. Ce que je fis, mais j'avais laissé un quinquet allumé, et au moment que j'entrais dans la caque à poisson, voilà ma bourgeoise qui frappe à la porte, et qui me dit de lui ouvrir puisqu'elle m'a vu à travers les fentes des volets. Comment faire? je dis à Marceline de prendre ses petits sabots à sa main, et de monter par un escalier qui se trouve dans la boutique, sur un carré où sont plusieurs portes fermées et qu'on n'ouvre jamais, elle monte et remet ses sabots au moment où j'ouvre à ma

bourgeoise, qui en entendant marcher me demande qui c'est, je réponds que ce ne peut
être qu'un voisin ; elle paraît se contenter de
cela, et m'emmène avec elle jusqu'à une autre
boutique qu'elle avait, où elle me retient assez
long-temps en me parlant d'ouvrage. Marceline
que sa maîtresse avait envoyé chercher quelque
chose pour compléter le souper déjà en train,
était sur des charbons de ne pas m'entendre revenir. A la fin, perdant patience, elle fit si
bien qu'une des portes du carré où elle était
céda à ses efforts, elle se trouva sur l'escalier d'une maison garnie dans laquelle on entrait
par une boutique de pâtissier, elle descendit et
rencontra dans l'obscurité la maîtresse du garni
qui lui demanda qui est-ce qui est là ? C'est moi
répondit-elle.—Qui vous?—Une femme, et en
disant cela elle dégringole les dernières marches,
traverse la boutique en courant, et va faire
sa commission. Mais la pâtissière l'avait vue
entrer dans ma boutique, elle a reconnue sa
voix; elle trouve la porte du carré ouverte,
c'est deux fois plus qu'il ne lui en faut ; elle
court chez la modiste ou Marceline n'est pas
encore rentrée et où la mauvaise humeur règne
déjà à cause de la suspension du souper,
causée par le retard de Marceline, elle fait
un rapport de la conduite scandaleuse de ni
belle ni propre, c'est ainsi qu'elle désigne

mon objet, qui en rapportant ses provisions, reçoit son sac, et me laisse supporter seul les caquets de toutes les commères du passage du Caire.

Je m'en consolai vite, j'allais tous les lundis présider en second une de ces sociétés chantantes et dansantes qui ont si puissamment contribué à notre glorieuse révolution, par l'esprit d'opposition que les chansons entretenaient dans les têtes de ceux qui en faisaient partie. Il y avait une brune aux petits pieds, au teint frais, qui s'appelait Sophie et que je n'avais cependant pas remarquée : elle demeurait avec une nommée Constance, qui était la maîtresse de notre président, Émile Debraux. Il paraît que ma gaîté, mon heureux caractère, avait plu à Sophie, elle me fit dire par Émile pourquoi je ne dansais pas avec elle. C'eût été malhonnête de ne pas me rendre à cette invitation : je la priai donc, et je fus charmé de sa conversation plus encore que de sa danse : je remarquai qu'elle avait un très-petit pied, indice de quelque chose de semblable. Après les petites questions d'usage je la reconduisis à sa place mais je ne cessai de la regarder et de lui sourire pendant le temps que l'on chanta. Quand la séance fut terminée il y eut un petit conciliabule entre Sophie, Constance et Debraux : j'ignorais qu'on s'y occupait de moi, mais j'en fus bientôt instruit par mon président, qui vint me dire que n'ayant pas été aussi attentif que de coutume à remplir mes fonctions, il me condamnait à souper avec deux jolies femmes et lui. J'eus l'air d'être disposé à en appeler, mais au fond j'étais peut-être le seul de ce jour qui fut content de ses juges.

Je me soumis à la fin à la sentence, nous reconduisîmes ces dames chez elles. Émile alla faire les provisions et nous soupâmes très-gaiement, mais il était minuit quand nous nous mîmes à table et nous n'eûmes fini qu'à deux heures du matin, tant les bons mots, les baisers, les yeux, les attouchemens, avaient prolongé notre repas : je ne pouvais ni ne voulais m'en aller à cette heure; on eut bientôt séparé du lit (très-bon pour des grisettes), deux matelas qu'on mit sur quatre chaises renversées, et nous voilà Debraux avec Constance et Mayeux avec Sophie. Au bout de cinq minutes nous entendons Sophie et moi des soupirs étouffés, des craquemens de lit qui nous apprennent que ce n'est pas pour prier Dieu que monsieur Debraux se met à genoux. Nous ne voulûmes pas rester en arrière, et quelqu'un qui aurait écouté à la porte aurait été édifié de l'accord qui régnait dans notre concert à quatre, tant dans les silences quedans les mouvemens et les soupirs. Nous qui avions commencé les derniers, nous finîmes bien avant les autres qui ne finirent pas du tout, accablés qu'ils furent par nos plaisanteries sur leur peu de vigueur. Nous nous endormîmes enfin et ils purent recommencer. Au point du jour je fis l'examen de ma nouvelle conquête, et je n'eus que des louanges à donner à la blancheur de sa peau, à l'ébène de son poil, à l'azur de ses yeux, et au rose de ses lèvres. Je lui fis donc parvenir la salutation angélique ; mais moins vierge que la Vierge, elle ne conçut pas, et elle fit bien, car en ce temps d'impiété, on ne parviendrait pas facilement à faire un sauveur d'un bâtard, à moins que monsieur Dupin ne le soit. En attendant que les autres se réveillent, elle me conta son histoire, dont je vous fais grâce, vu que ce n'est que la mienne que je vous ai promise ; ce que vous saurez seulement, c'est qu'elle avait en ce moment un monsieur âgé, épicier établi, qui lui faisait du bien et dont elle me pria de ne pas être jaloux. Je le lui promis, et ce fut pourtant la cause de notre séparation, vous verrez comme. Mais avant vous saurez qu'un dimanche je fus la voir, Constance était sortie, nous nous en donnâmes à notre aise, au point que le con lui en faisait mal et qu'il fallut qu'elle se couchât, j'en fis autant et nous dormions encore lorsque Constance rentra seule. Elle nous éveilla, et pendant qu'elle se déshabillait, Sophie voulut que je la régale encore d'une petite

goutte d'eau de vit. Je voulus bien , mais j'étais distrait par Constance qui cherchait ses puces , et qui voyant que je ne me levais pas , vint au lit pour me donner le fouet , ce qu'elle fit en effet , mais sans que je me retirasse de l'endroit où j'étais , ce qui me fit enfin aboutir. Il me reste à vous dire comment cette amourette finit. J'arrivai un autre jour brûlant de désirs et bien disposé , j'entends une voix d'homme dans la chambre , je quitte la sonnette que je tenais déjà , et je regarde par le trou de la serrure qui ce pouvait être. Je vois Sophie en chemise , assise sur les genoux de l'épicier , tenant d'une main sa queue à lui et de l'autre main la queue de la poêle. J'espère qu'elle était embarrassée , aussi les mains de l'épicier avaient-elles beau jeu et jouait-elles bien ; quand l'omelette fut faite on laissa un peu refroidir , et ensuite Sophie se mit à genoux , baissa la tête jusqu'à terre , haussa d'autant son cul , l'épicier leva sa chemise , lui appliqua l'omellette sur les fesses et se mit à la manger , en ayant soin de donner à chaque bouchée un coup de langue un peu plus bas que la rosette. Cette manière tout-à-fait inusitée de manger les omelettes , me fit beaucoup rire , et cependant si je pris sur moi de ne pas troubler le repas , uniquement par égard pour Sophie à qui je ne voulais pas faire perdre son entreteneur , je pris aussi sur moi la résolution de ne plus voir l'hôtesse qui mettait la table d'une si drôle de façon. La société changea précisément le lieu de ses séances, ce qui fit qu'elle n'y vint plus, et cela favorisa mon projet de rupture. Mais au lieu d'elle il y vint un ébéniste et sa femme, affligée de 26 ans, qui n'eut pas besoin de m'inviter à danser car je ne tardai pas à m'attacher à elle pour le bon motif. Elle promettait un tempérament ardent par ses yeux noirs, son teint mauresque et sa bouche toujours mouillée. Bientôt nous en vînmes aux attouchemens favorisés par l'usage où on était de se réunir en cercle, pêle-mêle à la fin de la séance, pour jouer à des jeux que dans ce siècle positif on devrait bien cesser d'appeler innocens. Le président qui s'était apperçu de notre intelligence, avait soin de se placer devant nous, afin de nous cacher, ce qui donnait pleine liberté à nos mains, mais elle n'était pas femme à se contenter long-temps de jeux d'enfans. Ayant su où je travaillais, elle prétexta une commission de ce côté, et vint me trouver. Justement j'avais moi-même affaire aux Champs-Élisées, je l'y conduisis ayant soin d'entrer plusieurs fois en route dans différens endroits pour la faire rafraîchir avec des boissons échauffantes : elle voulut me reconduire à mon travail. C'était où je l'attendais, il fallait passer devant les Trois-Lurons, et je leur étais trop redevable pour ne pas leur rendre une visite en passant. Je l'engageai à y entrer avant de nous quitter, elle accepta comme si elle eût su que c'était à l'autel que je la conduisais, elle s'y comporta de manière à me donner une haute idée de sa capacité, quatre coups en une heure durent lui prouver de ma part qu'elle n'avait point affaire à un ingrat, aussi nous quittâmes-nous très-satisfaits l'un de l'autre, en nous promettant de nous procurer cette satisfaction le plus souvent possible. Pendant huit mois je ne pus jamais parvenir à avoir un double menton, une fois nous ne devions pas nous voir de la semaine et je la rencontre à la porte St.-Martin, je lui offre de prendre quelque chose, elle me dit qu'elle est malade et qu'elle ne peut rien faire, que si elle vient ce sera uniquement par complaisance, je la reconduis à mon tour près de chez elle, et nous entrons chez un marchand de vin au coin des rues Torigny et Payenne, au Marais, où il y a, par parenthèse, des chambres très-comodes ou l'on trouve lit, fauteuil à bras, cuvette, caraffe, etc., je la dispose du mieux possible pour ne pas trop devoir à sa complaisance, quand je vois ses yeux se fermer je la pose sur le lit, et nous commençons. Je ne sais pas si son intention était de finir, ce que je sais, c'est que je crus qu'elle ne finirait pas de m'innonder de foutre et de baisers ; une bordée n'était pas plutôt lâchée qu'elle rechargeait pour décharger encore avec plus de feu : elle me tint sur elle pendant une heure entière, avec des prières de ne pas m'ôter, des tremblemens convulsifs, des étreintes à m'étouffer, des menaces même, enfin je n'avais jamais vu rien d'approchant, je crus qu'elle allait mourir par l'état de faiblesse où je la vis réduite après avoir déchargée, je n'ose pas le dire, on ne le croira pas, dix-sept fois !... dix-sept fois !... pour moi, je ne pus opérer que cinq fois... et je restais raide il est vrai, mais pour ainsi dire immobile sur elle tant que son ardeur ne fut pas assouvie. Lorsqu'enfin elle me permit de m'ôter et que je l'eus fait, je fus obligé de tórdre sa chemise, son jupon et sa robe de mérinos, qui étaient mouillés comme si on les eût trempé dans un sceau, dans le bas, par le foutre, dans le haut par la sueur. Enfin, après trois heures on parla de s'en aller et elle voulut encore une façon, parce que dit-elle, il y avait long-temps que je me reposais et qu'elle voulait que j'aille au moins jusqu'à six. Je m'y résignai, mais craignant qu'elle ne recommence sa complaisance je lui dis que je voulais lui faire par derrière, afin d'être libre de retirer quand j'aurais finis. Elle ne demanda pas mieux, et franchement je lui mis avec plaisir mon vit entre les fesses , cela se fit le mieux du monde des deux côtés , et termina cette journée. Je n'avais aucun sujet de plainte contre elle, et cependant je la quittai pour une jeune femme qui depuis quelque temps venait aussi à notre société ; elle était rousse et bavarde à l'excès, mais elle était jeune, et ne manquait pas d'un certain tact du monde, et qui surprenait chez une femme si jeune. Son mari , tourneur de son état , était bien le plus stupide animal que la terre ait porté. Mais il se piquait de musique , et me dit qu'il me ferait danser cocu , cocu mon père : je ne connaissais pas une note et cependant je lui fis danser avant moi. Mais un jour mon Annette trouva dans le gousset de ma montre un billet qu'Aimée m'avait envoyé pour me donner un rendez-vous , elle le porta au mari , qui ouvrit les yeux , tua presque sa femme , il aurait pu la tuer tout à fait , puisqu'elle s'asphixia avec du chárbon, ne pouvant soutenir les quolibets des voisins , instruits de sa faute par l'éclat de la scène que lui fit son mari ; cela ne porta pas bonheur à Annette, elle mourut quelques mois après. Tant de secousses me lassèrent de cette vie , que pourtant j'avais bien employée ; les ordonnances de Charles X vinrent me donner une chance de m'en débarrasser : qu'on vante après cela mon courage. Je ne risquais rien , je voulais mourir, mais j'étais bien aise d'encourager ce bon peuple parisien, duquel je m'honore de faire partie. Le sort ne répondit pas à mes vœux, je fus seulement blessé, et une femme, un ange me prodigua les soins les plus touchans pendant ma maladie, qui fut longue. Je découvris en elle les qualités qui rendent heureux un homme qui veut l'être, et je résolus de lui demander sa main : elle s'était attachée à moi par le spectacle de mes souffrances, elle était orpheline, elle accepta. Je vais donc cesser cette vie de garçon de laquelle pourtant je n'ai pas à me plaindre, puisque par un hazard bien grand, je ne fus pas atteint du remords qu'aurait pu me causer cette maladie vénérienne dont bien des jeunes gens semble se glorifier ; j'en suis exempt à jamais puisque je veux être fidèle à ma femme, et vice versâ.

FIN.